3 MÉDAILLES D'OR — 4 MÉDAILLES D'ARGENT

GLOBES TERRESTRES

ADOPTÉS PAR LE MINISTÈRE DE L'INSTRUCTION PUBLIQUE

DE

M. R. BARBOT

GÉOGRAPHE

Contenant les découvertes les plus récentes, les câbles télégraphiques
les grandes lignes de navigation, etc., etc.

PARIS
IKELMER, ÉDITEUR-FABRICANT
47, RUE DES FRANCS-BOURGEOIS, 47

NOTE DE L'ÉDITEUR

Tout exemplaire non revêtu d'un numéro d'ordre et de la signature de l'auteur sera réputé contrefait.

N°

Droits de reproduction et traduction réservés.
Propriété pour tous pays

NOTICE
SUR
l'exécution du Globe terrestre et du Globe céleste à cadran mobile

Le pied se divise en 2 parties, la partie du pied où est placé le cadran tourne avec le support, le support tourne avec le globe. De manière que le globe soit toujours en rapport avec le cadran placé au pied.

Si l'on faisait tourner le globe avec la main, le méridien de Paris qui marque zéro ne serait plus en rapport avec le zéro du cadran où est marqué Paris.

C'est donc par le support qu'il faut faire tourner le globe pour amener la lettre devant soi.

POUR PARAITRE LE 15 NOVEMBRE PROCHAIN :

GLOBE TERRESTRE A DOUBLES CADRANS MOBILES

donnant l'heure instantanément de tous les pays qui se trouvent sur le globe, quelle que soit leur position géographique.

GLOBES texte espagnol
Diamètre : 0m11, 0m15, 0m19, 0m25, 0m33 cent.

RÉPERTOIRE ESPAGNOL AVEC LA TRADUCTION FRANÇAISE EN REGARD

EXEMPLE

NOMBRE DE LOS LUGARES / Nom des lieux.		LONGITUD / Longitude		Cuadrantes / Quadrantère	LATITUD / Latitude	
Espagnol	Français	Oeste / Ouest	Este / Est		Norte / Nord	Sur / Sud
Argelia.	Algérie.	a	—	5	n	—
Barcelona. . . .	Barcelone. . . .	a	—	5	n	—
Cherburgo . . .	Cherbourg . . .	a	—	5	n	—
Desierto de Siria	Désert de Syrie.	—	d	4	n	—
Elena (I. Santa)	Hélène (I. Sainte)	a	—	2	—	s
Mar del Norte .	Mer du Nord . .	a	—	6	n	—
El Cairo	Le Caire	—	c	4	n	—

GLOBE TERRESTRE

A CADRAN MOBILE

BREVETÉ S. G. D. G.

PAR

HENRI GAULT

INSTRUCTION

SUR LA MANIÈRE DE SE SERVIR DU GLOBE TERRESTRE A CADRAN MOBILE

Pour trouver instantanément la position d'un pays, d'une mer, d'un fleuve, d'un lac, d'une rivière, d'une montagne, ainsi que tout ce que comporte l'étendue du Globe, il faut chercher le nom à la lettre alphabétique du répertoire géographique; puis, le nom trouvé, regarder sur le cadran mobile placé sous le Globe, la lettre portée au répertoire qui suit le nom.

Ensuite, reporter les yeux horizontalement sur la ligne de l'équateur (1); car c'est à partir de cette ligne qu'il faut compter le nombre de quadrilatères (2), suivant l'indication du chiffre placé devant la lettre N ou S (3), et c'est dans cet espace que se trouve le nom cherché.

EXEMPLE :

Abayaitu — i entre 105 et 120 degrés de longitude Est
5 n, entre 40 et 50 degrés de latitude Nord.

---

(1) On appelle équateur la ligne qui divise le globe en deux parties égales.

(2) Un quadrilatère est l'espace compris entre deux traits indiquant la longitude et la latitude.

(3) La lettre N indique qu'il faut compter le nombre de quadrilatères à partir de l'équateur en se dirigeant vers le Nord.

La lettre S indique qu'il faut se diriger vers le Sud.

TABLE
DES LONGITUDES
ET
DES LATITUDES

TABLE DES
LONGITUDE OCCIDENTALE *OUEST*

180 165	165 150	150 135
N	**O**	**P**
135 120	120 105	105 90
Q	**R**	**S**
90 75	75 60	60 45
T	**U**	**V**
45 30	30 15	15 0
X	**Y**	**A**

TABLE DES
LATITUDE MÉRIDIONALE *SUD*
S.

1	—	0	—	10
2	—	10	—	20
3	—	20	—	30
4	—	30	—	40
5	—	40	—	50
6	—	50	—	60
7	—	60	—	70
8	—	70	—	80
9	—	80	—	90

LONGITUDES

LONGITUDE ORIENTALE *EST*

0 15	15 30	30 45
B	**C**	**D**
45 60	60 75	75 90
E	**F**	**G**
90 105	105 120	120 135
H	**I**	**J**
135 150	150 165	165 180
K	**L**	**M**

LATITUDES

LATITUDE SEPTENTRIONALE *NORD*

N.

1	—	0	—	10		
2	—	10	—	20		
3	—	20	—	30		
4	—	30	—	40		
5	—	40	—	50		
6	—	50	—	60		
7	—	60	—	70		
8	—	70	—	80		
9	—	80	—	90		

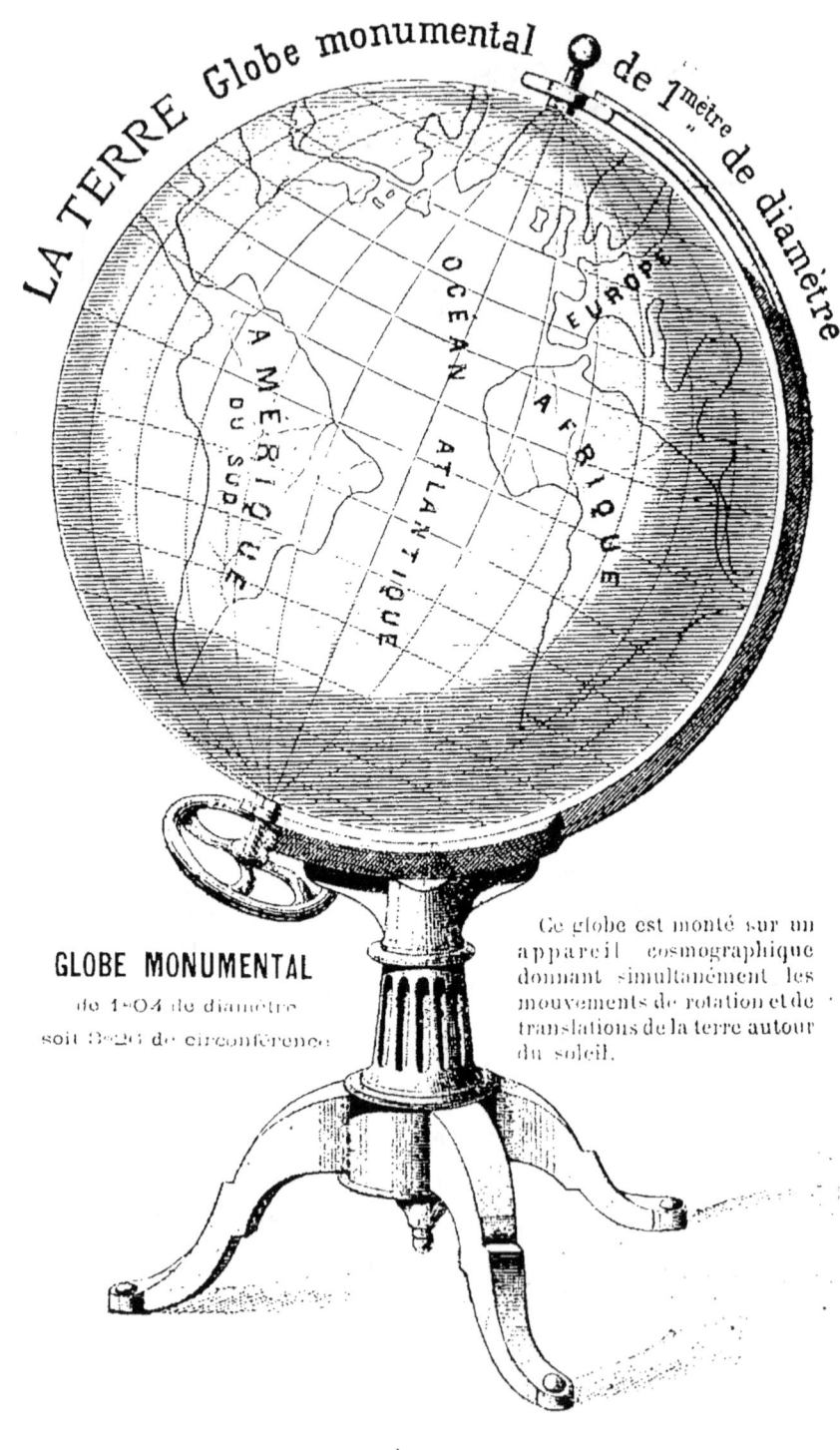

GLOBE MONUMENTAL
de 1m04 de diamètre
soit 3m26 de circonférence

Ce globe est monté sur un appareil cosmographique donnant simultanément les mouvements de rotation et de translations de la terre autour du soleil.

TABLE

POSITION GÉOGRAPHIQUE

DE DIFFÉRENTS LIEUX DANS LES CINQ PARTIES DU MONDE, CLASSÉS PAR LETTRE ALPHABÉTIQUE

NOM DES LIEUX	LONGITUDE		QUADRILATÈRE	LATITUDE	
	OUEST	EST		NORD	SUD
AB					
Abayaitu	—	i	5	n	—
Abbas	—	—	3	n	—
Abeokuta	—	b	1	n	—
Abeshe	—	c	5	n	—
Abo	—	h	1	n	—
Abomey	a	—	1	n	—
Abyssinie	—	d	2	n	—
AC					
Acapulco	s	—	2	n	—
Achem	—	h	1	n	—
Açores (Iles)	x	—	4	n	—
Acre	—	d	4	n	—
AD					
Adam (Pic d')	—	g	1	n	—
Adamaua	—	b	1	n	—
Adare (C.)	—	m	8	—	s
Addal Kuri (I.)	—	e	2	n	—
Adélaïde (I.)	t	—	7	—	s
Adélie (Terre)	—	k	7	—	s
Aden	—	d	2	n	—
Adrar	y	—	2	n	—
Adriatique (Mer)	—	b	5	n	—
AF					
Afelele	a	—	3	n	—
Afghanistan	—	f	4	n	—
AG					
Agatton	—	m	6	n	—
Ageies (Les)	q	—	4	n	—
Agra	—	g	3	n	—
Agredem	—	b	2	n	—
AH					
Ahshinsk	—	i	6	n	—
AI					
Aiguilles (C. des)	—	c	4	—	s
Air	—	b	3	n	—
AJ					
Ajan	—	e	1	n	—

NOM DES LIEUX	LONGITUDE OUEST	LONGITUDE EST	QUADRILATÈRE	LATITUDE NORD	LATITUDE SUD
AK					
Akiab. . . .	—	g	3	n	—
Akoutan (I.) . . .	u	—	6	n	—
Aksu. . . .	—	g	5	n	—
AL					
Alagoas. . . .	x	—	1	—	s
Alaska (Pen^le d') . . .	u	—	6	n	—
Alaska (Territoire d') . . .	o	—	7	n	—
Albany (R.). . . .	s	—	6	n	—
Albany. . . .	—	i	4	—	s
Albany. . . .	t	—	5	n	—
Albemarle (I.) . . .	s	—	1	—	s
Albert (L.) . . .	—	e	1	n	—
Albert (Monts) . . .	—	l	8	—	s
Albert (I. du Prince) . . .	r	—	8	n	—
Alberton. . . .	—	k	4	—	s
Aldan (R.) . . .	—	j	7	n	—
Alègre. . . .	x	—	2	—	s
Aléoutiennes (Iles). . . .	—	m	6	n	—
Alep. . . .	—	d	4	n	—
Alexandra (Terre d'). . . .	—	j	2	—	s
Alexandre 1er (Terre) . . .	s	—	7	—	s
Alexandrovsk . . .	—	e	5	n	—
Alexandrie. . . .	—	e	4	n	—
Alger. . . .	a	—	4	n	—
Algérie. . . .	a	—	4	n	—
Aliaska (Monts) . . .	o	—	7	n	—
Alicante. . . .	a	—	4	n	—
Allahabad. . . .	—	g	3	n	—
Allemagne. . . .	—	b	5	n	—
AM					
Amalia (I.) . . .	—	n	6	n	—
Amazones (Fleuve des) . . .	v	—	1	n	—
Amazones (Fleuve des) . . .	u	—	1	—	s
Ambre (C.). . . .	—	e	2	—	s
Ambriz. . . .	—	b	1	—	s
Ambrisette. . . .	—	b	1	—	s
Ambroise (Ile Saint-) . . .	t	—	3	—	s
Amérique Centrale . . .	s	—	2	n	—
Amérique du Nord . . .	q	—	6	n	—
Amérique du Sud. . . .	t	—	1	—	s
Amirantes (Iles). . . .	—	e	1	—	s
Amirante (Ile de l') . . .	—	k	1	—	s
Amou Daria (Fleuve) . . .	—	f	4	n	—
Amoy. . . .	—	i	3	n	—
Amsterdam. . . .	a	—	6	n	—
Amsterdam (I.) . . .	—	f	4	—	s
Amsterdam (Nouv^le) . . .	v	—	1	n	—
AN					
Ana (I.) . . .	p	—	2	—	s
Anadyr (R.) . . .	—	m	7	n	—
Anadyr (Golfe d') . . .	—	m	7	n	—
Anataxan (Iles) . . .	—	k	2	n	—
Ancône. . . .	—	b	5	n	—
Andaman (Iles) . . .	—	g	2	n	—
Angara (R.) . . .	—	h	6	n	—

NOM DES LIEUX	LONGITUDE		QUADRILATÈRE	LATITUDE	
	OUEST	EST		NORD	SUD
Anginsk	—	j	7	n	—
Angleterre	a	—	6	n	—
Angoluka	—	c	2	—	s
Angostura	u	—	1	n	—
Anjer	—	h	1	—	s
Annabon (I.)	—	b	1	—	s
Annam	—	h	2	n	—
Antigoa (I.)	u	—	2	n	—
Antilles (Grandes)	t	—	3	n	—
Antilles (Mer des)	t	—	2	n	—
Antipode (I.)		m	5	—	s
Antipode de Paris	—	m	6	—	s
Antongil (Baie d')	—	e	2	—	s
Antonio (I. Saint-)	x	—	2	n	—
Anvers		b	6	n	—
A P					
Apari		j	2	n	—
Apia		m	1	n	—
Api		l	1	—	s
A R					
Arabie		d	4	n	—
Aradah		c	2	n	—
Araguay (R.)	v	—	2	—	s
Arauan	a	—	2	n	—
Arar (Mer d')		e	5	n	—
Arauco	t	—	4	—	s
Archangel	—	d	7	n	—
Archipel	—	d	4	n	—
Arequipa	u	—	2	—	s
Argentina (Fleuve)	u	—	4	—	s
Argentine (République)	u	—	3	—	s
Arguin	y	—	3	n	—
Arica	u	—	2	—	s
Arish	—	d	2	n	—
Arkhangel Sitka (Nouvelle)	p	—	6	n	—
Aron	a	—	1	n	—
Aroré		m	1	—	s
Arrou (Iles)	—	j	1	—	s
A S					
Ascari	t	—	2	—	s
Ascension (Ile de l')	y	—	2	—	s
Asie Mineure	—	c	4	n	—
Aspey	u	—	5	n	—
Assa	a	—	3	n	—
Assinie	a	—	1	n	—
Assiou	—	b	3	n	—
Assomption (Ile)	—	k	3	n	—
Assomption	u	—	3	—	s
Astrabad	—	e	4	n	—
Astrakan	—	e	5	n	—
Astoria	q	—	5	n	—
A T					
Atabazar	—	f	6	n	—
Athènes	c	—	5	n	—
Atlantique (Océan)	x	—	5	n	—

NOM DES LIEUX	LONGITUDE		CI-DESSUS	LATITUDE	
	OUEST	EST		NORD	SUD
Atlantique (I.)	—	l	1	n	—
Atlas (Monts)	a	—	4	n	—
Attou (I.)	—	m	6	n	—
Attock	—	f	4	n	—
A U					
Auckland (I.)	—	l	6	—	s
Augusta	—	i	4	—	s
Augusta (Port)	—	k	4	—	s
Augustin (Ile Saint-)	—	m	1	—	s
Aulef	a	—	3	n	—
Aurore (I^e de l')	v	—	6	—	s
Aurungabad	—	f	3	n	—
Austin	s	—	4	n	—
Australie septentrionale	—	j	2	—	s
Australie méridionale	—	j	3	—	s
Australie occidentale	—	i	3	—	s
Autriche	—	b	5	n	—
A V					
Ava	—	h	3	n	—
A Y					
Aylmer (L.)	r	—	7	n	—
A Z					
Azov (Mer d')	—	d	5	n	—
B A					
Bab-el-Mandeb (Détroit de)	—	d	2	n	—
Babuyanes (Iles)	—	j	3	n	—
Baffin (Mer de)	u	—	8	n	—
Baffin (Terre de)	t	—	8	n	—
Bagdad	—	d	4	n	—
Bahia (ou San-Salvador)	x	—	2	—	s
Bahr-el-Arab	—	c	1	n	—
Bahr-el-Azrak	—	d	2	n	—
Baïkal (Lac)	—	h	6	n	—
Bakel	y	—	2	n	—
Balabac (I.)	—	i	1	n	—
Baléares (Iles)	a	—	4	n	—
Balé (Ile)	—	i	1	—	s
Balkach (L.)	—	f	5	n	—
Baltimore	t	—	4	n	—
Baltique (Mer)	—	c	6	n	—
Bambara	a	—	2	n	—
Bambarre	—	c	1	—	s
Banca (Iles)	—	h	1	—	s
Bancks (Détroit de)	q	—	8	n	—
Banda	a	—	1	n	—
Banda (Mer de)	—	j	1	—	s
Bangalore	—	f	2	n	—
Bangkok	—	h	2	n	—
Bangouélo	—	c	2	—	s
Banjermassing	—	i	1	—	s
Banks (Presqu'ile)	—	m	5	—	s
Barakat	—	b	3	n	—
Barbas (Cap)	y	—	3	n	—
Barcelone	a	—	5	n	—

NOM DES LIEUX	LONGITUDE		QUADRILATÈRE	LATITUDE	
	OUEST	EST		NORD	SUD
Bardaï	—	b	3	n	—
Bargouzinsk	—	i	6	n	—
Bari	—	e	1	n	—
Baring (I.)	q	—	8	n	—
Barka	a	—	2	n	—
Barkicy	—	c	3	—	s
Baroda	—	f	3	n	—
Barrow (Détroit)	s	—	8	n	—
Barrow (Cap)	o	—	8	n	—
Barrow (I.)	—	i	3	—	s
Barthélemy (I. Saint-)	u	—	2	n	—
Bashire	—	e	3	n	—
Bass (Détroit de)	—	k	4	—	s
Bassak	—	h	2	n	—
Bassam	a	—	1	n	—
Bassein	—	g	2	n	—
Bassora	—	e	4	n	—
Batavia	—	i	1	—	s
Bathurst (I.)	r	—	8	n	—
Batok	—	c	2	—	s
Batoum	—	d	5	n	—
Batranald	—	k	4	—	s
Bayan-Khara (Monts)	—	h	4	n	—
Bayonne	a	—	5	n	—
BE					
Bedr	—	d	3	n	—
Behring (Détroit de)	n	—	7	n	—
Behring (Mer de)	—	m	6	n	—
Bela	—	f	3	n	—
Bel-Abbas	a	—	3	n	—
Belfast	a	—	6	n	—
Belgique	—	b	6	n	—
Belgrade	—	c	6	n	—
Belise	s	—	2	n	—
Belle-Ile (Détroit de)	v	—	6	n	—
Beloutchistan	—	f	3	n	—
Bengale (Golfe de)	—	g	2	n	—
Bengale	—	g	3	n	—
Bengazi	—	c	4	n	—
Benguela (Saint-Philippe-de)	—	h	2	—	s
Ben-Koulen	—	h	1	—	s
Benin	—	h	1	n	—
Benin (Golfe de)	a	—	1	n	—
Benou (R.)	—	b	1	n	—
Berar	—	g	3	n	—
Berdiansk	—	d	5	n	—
Berdichev	—	c	5	n	—
Beré	—	b	3	n	—
Bergen	—	b	7	n	—
Berlin	—	h	6	n	—
Bermudes (Iles)	u	—	4	n	—
BH					
Bhagulpare	—	g	3	n	—
Bhawlpur	—	f	3	n	—
Bhopal	—	f	3	n	—
Bhurtpore	—	f	3	n	—

NOM DES LIEUX	LONGITUDE		ORIENTATION	LATITUDE	
	OUEST	EST		NORD	SUD
BI					
Biafra	—	b	1	n	—
Bigar	—	m	2	n	—
Billiton (I.)	—	i	1	—	s
Bintang (Ile)	—	h	1	n	—
Birh	—	c	2	n	—
Birmanie	—	h	3	n	—
Birsin	—	e	6	n	—
Biskra	—	b	4	n	—
BL					
Blagovestchensk	—	j	6	n	—
Blanc (C.)	y	—	3	n	—
Blanche (Mer)	—	d	7	n	—
Blanco (C.)	t	—	1	—	s
Blas (S.)	r	—	3	n	—
Bleue (Mer)	—	j	3	n	—
Bleu (Fleuve)	—	d	1	n	—
Bleues (Montagnes)	r	—	3	—	s
BO					
Bödo	—	b	7	n	—
Bodo	—	e	2	n	—
Bogota	t	—	1	n	—
Bojador (C.)	y	—	3	n	—
Bolivie	u	—	2	—	s
Bolsheretsk	—	k	6	n	—
Bombay	—	f	2	n	—
Bonavista	y	—	2	n	—
Bône	—	b	4	n	—
Bordeaux	a	—	5	n	—
Borgu	—	c	2	n	—
Bornéo	—	i	1	n	—
Boston	u	—	5	n	—
Botany-Bey	—	k	4	—	s
Botnie (Golfe de)	—	c	7	n	—
Boucaniers (Archipel des)	—	i	2	—	s
Bougainville (I.)	—	l	1	—	s
Boukhara	—	e	4	n	—
Boukharest	—	c	5	n	—
Bounty (Iles)	—	m	5	—	s
Bourbon (I.)	—	e	3	—	s
Bourou (I.)	—	j	1	—	s
Boutan	—	g	3	n	—
Bouvet (I.)	—	b	6	—	s
Bowen	—	k	2	—	s
BR					
Brahma	—	h	3	n	—
Bratskoi	—	h	6	n	—
Breslau	—	h	6	n	—
Brest	a	—	5	n	—
Bretagne (Nouvelle)	—	k	1	—	s
Breton (I. du Cap)	u	—	5	n	—
Brisbane	—	l	3	—	s
Bristol	a	—	6	n	—
Bristol (I.)	y	—	7	—	s
Bristol (Baie)	o	—	6	n	—

NOM DES LIEUX	LONGITUDE		DU DÉM. LITRE	LATITUDE	
	OUEST	EST		NORD	SUD
Broughton (Baie)	—	j	4	n	—
Brouwn (Monts)	q	—	6	n	—
Brown (I.)	—	l	2	n	—
Bruxelles	—	b	6	n	—
BU					
Budd (Terre)	—	i	7	—	s
Buenaventura	t	—	1	n	—
Buenos-Ayres	u	—	4	—	s
Buma	—	b	2	n	—
Bunder	—	c	3	n	—
Bundi	—	f	3	n	—
Burdwan	—	g	3	n	—
Burketoron	—	k	2	—	s
CA					
Cabello (Pointe)	u	—	2	n	—
Cabende	—	b	1	—	s
Cabès (Golfe de)	—	b	4	n	—
Cabrobo	x	—	1	—	s
Cachoeira	x	—	2	—	s
Cadix	a	—	4	n	—
Cafrerie	—	c	3	—	s
Caire	s	—	4	n	—
Caire (Ile)	—	c	4	n	—
Calcutta	—	g	3	n	—
Caldera (Port)	u	—	3	—	s
Caledon	—	c	4	—	s
Calédonie (Nouvelle)	—	l	3	—	s
Calicut	—	f	2	n	—
Californie (Golfe de)	r	—	4	n	—
Californie (Vieille)	r	—	4	n	—
Californie	q	—	4	n	—
Californie	q	—	4	n	—
Callao	t	—	2	—	s
Calle (La)	—	b	4	n	—
Cambanbe	—	b	2	—	s
Cambodge (C.)	—	h	1	n	—
Cambodge	—	h	2	n	—
Camerone (Monts)	—	b	1	n	—
Campbell (I.)	—	m	6	—	s
Campêche	s	—	3	n	—
Campos	x	—	3	—	s
Canada (Dominion du)	p	—	6	n	—
Canadienne (R.)	s	—	4	n	—
Canaries (Iles)	y	—	3	n	—
Candie	—	c	4	n	—
Cannanore	—	f	2	n	—
Canton	—	i	3	n	—
Cap-Breton (I. du)	v	—	5	n	—
Cap (Colonie du)	—	c	4	—	s
Cap de Bonne-Espérance	—	b	4	—	s
Cap-Horn (C. du)	u	—	6	—	s
Cap-Vert	y	—	2	n	—
Cap-Vert (I. du)	y	—	2	n	—
Caracas	u	—	1	n	—
Carapano	u	—	2	n	—
Cardawell	—	k	2	—	s
Carmen	u	—	5	—	s

NOM DES LIEUX	LONGITUDE		QUEDILLEIRES	LATITUDE	
	OUEST	EST		NORD	SUD
Carnicobar (Iles)	—	g	1	n	—
Carolines (Iles)	—	k	1	n	—
Carpentarie (Golfe de)	—	k	2	—	s
Cartagène	—	t	2	n	—
Casiquiare (R.)	u	—	1	n	—
Caspienne (Mer)	—	e	4	n	—
Catherina (Ile Santa)	\	—	3	—	s
Caucase	—	d	5	n	—
Cayenne	v	—	1	n	—
Cayman (I.)	t	—	2	n	—
Cayembe	—	c	2	—	s
CE					
Ceara	x	—	1	—	s
Cédros (I. de)	q	—	3	—	—
Célèbes (I.)	—	i	1	n	s
Ceram	—	j	1	—	s
Cercle Polaire du Nord	—	k	7	n	—
Cercle Polaire du Sud	x	—	7	—	s
Cette	a	—	5	n	—
CH					
Chagos (Iles)	—	f	1	—	s
Chagres	t	—	2	n	—
Chaines des Andes	t	—	1	—	s
Chamo (Désert de Cobiou)	—	h	5	n	—
Chandak	—	g	3	n	—
Chandernagor	—	g	3	n	—
Chang-Haï	—	l	4	n	—
Chara	—	e	3	n	—
Charleston	t	—	4	n	—
Charlotte (Détroit de la reine)	p	—	6	n	—
Chatham (Iles)	n	—	5	—	s
Chatham (Iles)	—	m	1	n	—
Che-foo	—	i	4	n	—
Cherbourg	a	—	5	n	—
Chesterfield (Entr.)	s	—	7	n	—
Chiago	s	—	5	n	—
Chiens marins (B. des)	—	i	3	—	s
Chili	u	—	4	—	s
Chiloë (I.)	t	—	5	—	s
Chimboroug (M.)	t	—	1	—	s
Chine (Mer de)	—	i	1	n	—
Chipewyan (F.)	r	—	6	n	—
Chiraz	—	e	4	n	—
Choiseul (I.)	—	l	1	—	s
Chonos (Archipel de los)	t	—	5	—	s
Chottas	—	c	1	n	—
Chrischurch	—	m	5	—	s
Christiania	—	b	6	n	—
Christianburg	a	—	1	n	—
Christmas (I.)	o	—	1	n	—
Christobal (Ile Saint-)	—	l	1	—	s
Ching-Kiang	—	i	4	n	—
Churchill	s	—	6	n	—
Chypre (Ile de)	—	c	4	n	—
CI					
Cinaloa	r	—	3	n	—
Cinti	u	—	3	—	s
Cité du grand lac Salé	r	—	4	n	—

NOM DES LIEUX	LONGITUDE		QUADRILATÈRE	LATITUDE	
	OUEST	EST		NORD	SUD
CL					
Clarence	—	c	1	n	—
Clarence	—	l	3	—	s
Clarie (T.)	—	j	7	—	s
Clintock Max (Canal)	r	—	8	n	—
Clipperton (Rocher)	r	—	2	n	—
CO					
Coanza (R.)	—	b	2	—	s
Cobi (Désert de)	—	h	5	n	—
Cobija	u	—	3	—	s
Cochinchine française	—	h	1	n	—
Coétivy	—	e	1	—	s
Colango	—	c	2	—	s
Colesberg	—	c	4	—	s
Cologne	—	b	6	n	—
Colombie	t	—	1	n	—
Colombie anglaise	q	—	6	n	—
Colombo	—	g	1	n	—
Colonie du Cap	—	c	4	—	s
Colorado (Rio)	u	—	4	—	s
Commandeur (I. du)	—	m	6	n	—
Comores (Iles)	—	d	2	—	s
Conception	t	—	4	n	—
Conception	u	—	3	n	—
Congo ou Zaïre (Fleuve)	—	e	1	—	s
Congo	—	b	1	—	s
Constantine	—	b	4	n	—
Constantinople	—	c	5	n	—
Constantinowsk	—	k	5	n	—
Contre courant équatorial	—	k	1	n	—
Cook (Entrée de)	o	—	6	n	—
Cook (Dt de)	n	—	7	n	—
Cook (Dt de)	—	m	4	—	s
Cook (Arch. de)	o	—	3	—	s
Coover (R.)	—	k	3	—	s
Copenhague	—	b	6	n	—
Coquimbo	u	—	3	—	s
Corse	—	b	5	n	—
Cordeva	u	—	4	—	s
Corée	—	j	4	n	—
Corée (Détroit de)	—	j	4	n	—
Coringta	—	g	2	n	—
Cork	a	—	6	n	—
Corientes	u	—	3	—	s
Corientes (C.)	r	—	3	n	—
Corrientes (C.)	—	d	3	—	s
Costa Rica	t	—	1	n	—
Coumassie	a	—	1	n	—
Courant antarctique	q	—	5	—	s
Courant du cap Horn	u	—	6	—	s
Courant du Japon ou Kuro Siwo .	—	k	4	n	—
Courant traversier de l'Océan Indien	—	c	5	—	s
Courant équatorial du Nord . . .	v	—	2	n	—
Courant équatorial du Sud . . .	y	—	1	—	s
CR					
Cracovie	—	c	5	n	—
Crecent City	q	—	5	n	—

NOM DES LIEUX	LONGITUDE			LATITUDE	
	OUEST	EST		NORD	SUD
Crimée.	—	e	5	n	—
Cross (C.)	—	b	3	—	s
Cruz (Fort Santa-).	u	—	5	—	s
C U					
Cuba.	t	—	3	n	—
Cuença.	t	—	1	—	s
Cuivre (I. des).	—	m	6	n	—
Culiacan.	r	—	3	n	—
Culpeper (I.)	s	—	1	n	—
Cumana.	u	—	2	n	—
Cumberland.	u	—	7	n	—
Cunene.	—	b	2	—	s
Curaçao (I.).	u	—	2	n	—
Curtis (Iles).	—	k	3	—	s
Cutch (Golfe de).	—	f	3	n	—
Cuvier (C.).	—	i	3	—	s
Cuyaba.	v	—	2	—	s
Cuzco.	u	—	2	—	s
D A					
Dagan.	y	—	2	n	—
Dahomey.	a	—	1	n	—
Dakar.	y	—	2	n	—
Daknel.	—	e	3	n	—
Damara.	—	b	3	—	s
Damas.	—	d	4	n	—
Dampier (I.)	—	k	1	—	s
Dampier (D. de).	—	k	1	—	s
Dampierre (Archipel).	—	k	1	—	s
Dan (C.).	x	—	7	n	—
Danedin.	—	m	5	—	s
Danemark.	—	h	6	n	—
Danger (I. du).	n	—	2	—	s
Dantzig.	—	e	6	n	—
Das fertil.	—	e	1	n	—
Dasfour.	—	e	2	n	—
Daria (Fl. amou).	—	f	4	n	—
Daria Syr (R.).	—	f	5	n	—
Darien (Golfe de).	t	—	2	n	—
Davis (Detroit de).	u	—	7	n	—
D É					
Delgado (C.).	—	d	2	—	s
Delhi.	—	f	3	n	—
Derna.	—	e	4	n	—
Desappointement (B. du).	—	k	7	—	s
Desappointement (I. du).	p	—	2	—	s
Desire (C.).	—	f	8	n	—
Desolation (Terre de la).	t	—	6	—	s
Devon septentrional.	s	—	8	n	—
D I					
Diarbekir.	—	d	4	n	—
Diego Alvarez (I.).	a	—	5	—	s
Diego Gracia (I.).	—	f	1	—	s
Diea (Baie).	v	—	7	n	—
Diu.	—	f	3	n	—

NOM DES LIEUX	LONGITUDE		QUADRILATÈRE	LATITUDE	
	OUEST	EST		NORD	SUD
DJ					
Djeddah	—	d	3	n	—
DN					
Dnieper (Fl.)	—	c	6	n	—
DO					
Domingo	u	—	2	n	—
Dongola	—	d	3	n	—
Dongolo (N.)	—	c	2	n	—
Dormuz (D.)	—	e	3	n	—
Douvres	a	—	6	n	—
DR					
Dresde	—	b	6	n	—
DS					
Dsaïsang (Lac)	—	g	5	n	—
DU					
Dublin	a	—	6	n	—
Ducie (I.)	q	—	3	—	s
Duncan	r	—	1	n	—
EC					
Ecosse	a	—	6	n	—
Ecosse (Nlle)	u	—	5	n	—
ED					
Eden	—	k	4	—	s
Edimbourg	a	—	6	n	—
Edels (Terre d')	—	i	3	—	s
Edouard (I. du Pce)	—	d	5	—	s
EG					
Egypte	—	c	3	n	—
EK					
Ekaterinodar	—	d	5	n	—
Ekaterinolav	—	d	5	n	—
EL					
Elie (Mte St)	p	—	7	n	—
El Haca	—	d	3	n	—
Elisabeth (C.)	o	—	6	n	—
Elisabeth (I.)	q	—	3	—	s
Elisabeth	—	c	4	—	s
Elisabeth (C.)	—	k	6	n	—
Ellice (Ies)	—	m	1	—	s
Elmina	a	—	1	n	—
EM					
Emerald (I)	—	l	6	—	s
Empire Chinois	—	h	5	n	—
Emsk	—	f	6	n	—
EN					
Entrée de Kook	o	—	6	n	—
Enderby (Terre d')	—	e	7	—	s
Endragt (Terre d')	—	i	3	—	s

— 20 —

NOM DES LIEUX	LONGITUDE		QUADRILATÈRE	LATITUDE	
	OUEST	EST		NORD	SUD
E Q					
Equatorial (C.)	—	e	2	—	s
E R					
Erebus (M^t)	—	k	8	—	s
Erebus et Terror (golfe)	v	—	7	—	s
Erie (I.)	t	—	5	n	—
Erie (L.)	t	—	5	n	—
Erivan	—	d	5	n	—
E S					
Esclave (G^d lac de l')	q	—	7	n	—
Esneh	—	c	3	n	—
Espagne	a	—	4	n	—
Espérance (Cap de Bonne-)	—	b	4	—	s
Esprit (I. du S^t)	—	l	2	—	s
Esquimaux	q	—	7	n	—
Esquimaux	v	—	8	n	—
Essouk	a	—	3	n	—
Est (C.)	—	m	4	—	s
E T					
Etats (I. des)	u	—	6	—	s
Etats-Unis	r	—	4	n	—
Etienne (S^t)	—	b	5	n	—
E U					
Euphrate (fleuve)	—	l	6	n	—
E V					
Evêque et son Clerc (l')	—	d	4	n	—
E Y					
Eyre (I.)	—	k	3	—	s
F A					
Falaba	a	—	1	n	—
Falkand (Iles Malouines ou)	u	—	6	—	s
Farewel	x	—	6	n	—
Fartak (C.)	—	e	2	n	—
Faski	—	b	2	n	—
Fataka (I.)	—	m	2	—	s
Fayol (I.)	x	—	4	n	—
Fawer	—	d	1	n	—
F E					
Fe (S^te)	u	—	4	—	s
Félix (I. S^t)	t	—	3	—	s
Fer (Ile de)	y	—	3	n	—
Fernandez (Ile Juan)	t	—	4	—	s
Fernandina	t	—	4	n	—
Fernando-Po (I.)	—	b	1	n	—
Fernando de Noronha (I. S^t)	x	—	1	—	s
Feu (Terre de)	u	—	6	—	s
Fez	a	—	4	n	—
Fezzan	—	b	3	n	—
F I					
Finistère (C.)	a	—	5	n	—
Finlande (golfe de)	—	c	6	n	—
Finlande	—	c	7	n	—

NOM DES LIEUX	LONGITUDE		QUADRILATÈRE	LATITUDE	
	OUEST	EST		NORD	SUD
FL					
Flattery (C.).	—	k	2	—	s
Florence.	—	b	5	n	—
Florès (Iles)	—	i	1	—	s
Flores (Iles)	x	—	5	n	—
Floride.	t	—	3	n	—
FO					
Foeroer (Iles)	a	—	7	n	—
Formose (I.)	—	j	3	n	—
Fou-Tcheou.	—	i	4	n	—
Foveaux (Dét. de).	—	m	5	—	s
Fox (canal de).	t	—	7	n	—
FR					
Français (C.).	—	f	5	—	s
France.	—	a	5	n	—
France (I. de)	—	e	3	—	s
Francisco (C. San).	t	—	1	n	—
Francisco (B. de San).	q	—	4	n	—
Francisco (San)	q	—	4	n	—
François-Joseph (Terre).	—	f	9	n	—
Franklin (C.).	n	—	8	n	—
Freetown.	y	—	1	n	—
Frio (C.).	—	b.	2	—	s
FU					
Fuca (Dét de Juan)	q	—	5	n	—
Furneaux (Iles).	—	k	4	—	s
GA					
Gabès.	—	b	4	n	—
Gallapagos (I^es).	s	—	1	—	s
Galles du Sud (Nouvelle)	—	k	4	—	s
Galles (I. du P^ce).	p	—	6	n	—
Galles (Presqu'ile de)	o	—	7	n	—
Galles (P^te de).	—	g	1	n	—
Galles (C. du P^er).	—	g	1	n	—
Gambier (Iles)	p	—	3	—	s
Gange (B^es du)	—	g	3	n	—
Grantjam.	—	g	2	n	—
Garad.	—	e	1	n	—
Gardaya.	a	—	4	n	—
Gardner (I.).	n	—	1	—	s
Gascogne (Golfe de).	a	—	4	n	—
Gaurisankar (M^t)	—	g	3	n	—
Gaya.	a	—	2	n	—
GE					
Gelwink (B^e de).	—	j	1	—	s
Gente-Hermosa (I.)	n	—	2	—	s
Georges (Canal S^t)	a	—	6	n	—
Georges (I. S^t)	x	—	4	n	—
Georges (G. S^t).	u	—	5	—	s
Georges IV (Mer de)	v	—	8	—	s
Georges (P^te du Roi)	—	i	4	—	s
Georges (I. du Roi).	v	—	7	—	s
Gergetown.	v	—	1	n	—
Géorgie Australe (I.)	x	—	6	—	s
Geryville.	a	—	4	n	—

NOM DES LIEUX	LONGITUDE		QUADRILATÈRE	LATITUDE	
	OUEST	EST		NORD	SUD
GH					
Ghadames............	—	b	4	n	—
GI					
Gibraltar............	a	—	4	n.	—
Gibraltar (D.t de).....	a	—	4	n	—
Gijighinsk...........	—	l	7	n	—
Gila (R.)............	r	—	4	n	—
Gilbert (Iles).........	—	m	1	n	—
Gillis (Terre).........	—	e	9	n	—
Gilolo (I.)...........	—	j	1	n	—
Girgeh..............	—	e	3	n	—
GL					
Gladstone............	—	l	3	—	s
GO					
Goa................	—	f	2	n	—
Godthaab............	v	—	7	n	—
Goléa...............	—	b	4	n	—
Gollo...............	—	j	4	n	—
Gomayagua..........	s	—	2	n	—
Gomez (I.)..........	r	—	3	—	s
Gondar.............	—	d	2	n	—
Gotembourg..........	—	b	6	n	—
Goyas..............	v	—	2	—	s
GR					
Graham (Terre de)....	u	—	7	—	s
Grand (Golfe de Pierre le)...	—	j	5	n	—
Grande (R.)..........	v	—	3	—	s
Grant (Terre de)......	s	—	9	n	—
Grèce...............	—	c	4	n	—
Grenwich (Iles).......	—	l	1	n	—
Gröenland...........	v	—	8	n	—
Grinnell (Terre).......	s	—	9	n	—
GU					
Guadalajara..........	r	—	3	n	—
Guadeloupe (Ile) la....	u	—	2	n	—
Guam (I.)...........	—	k	2	n	—
Guanaxuato..........	s	—	3	n	—
Guaporé (R.).........	u	—	2	—	s
Guardafui (C.).......	—	e	2	n	—
Guatemala...........	s	—	2	n	—
Guaviare (R.)........	u	—	1	n	—
Guyaquil (Golfe de)...	t	—	1	—	s
Guaymas............	r	—	3	n	—
Gueyra..............	u	—	2	n	—
Guinée (C. de).......	y	—	1	n	—
Guinée Méridionale....	—	b	1	—	s
Guinée (Golfe de).....	a	—	1	—	s
Guinée septentrionale..	a	—	1	n	—
Guinée nouvelle ou Papousie...	—	k	1	—	s
Gulf-Stream.........	u	—	4	n	—
Guyane brésilienne....	u	—	1	n	—
Guyane française.....	u	—	1	n	—
Guyane anglaise......	u	—	1	n	—
Guyane hollandaise...	u	—	1	n	—

NOM DES LIEUX	LONGITUDE		QUADRILATÈRE	LATITUDE	
	OUEST	EST		NORD	SUD
GW					
Gwadar	—	c	3	n	—
Gwetter	—	c	3	n	—
HA					
Haca (El-)	—	d	3	n	—
Hadramaut	—	e	2	n	—
Hafoun (Ras)	—	e	2	n	—
Haïnan (I.)	—	i	2	n	—
Haïti (I.)	u	—	2	n	—
Hakodate	—	k	5	n	—
Halifax	u	—	5	n	—
Hamar	—	b	3	n	—
Hambourg	—	b	6	n	—
Hammerfest	—	b	8	n	—
Hao (I.)	p	—	2	—	s
Harar	—	d	1	n	—
Hauraki (Golfe)	—	m	4	—	s
Havane (la)	t	—	3	n	—
Hâvre Freycinet	—	i	3	—	s
Havre (le)	a	—	5	n	—
Hay	—	c	3	—	s
Haye (la)	—	b	6	n	—
Hawaï (I.)	o	—	2	n	—
Hawaï (Iles)	o	—	2	n	—
Hawalaghiri (M^t)	—	g	3	n	—
HE					
Hebrides (Nouvelles)	—	m	2	—	s
Hebrides (Iles)	a	—	6	n	—
Hebron	u	—	6	n	—
Hecla (Mont)	y	—	7	n	—
Hedjaz	—	d	3	n	—
Hélène (Ile Sainte-)	a	—	2	—	s
Hélène (Baie de Sainte-)	—	b	4	—	s
Hell-Gate	r	—	5	n	—
Herat	—	e	4	n	—
Herrak	—	e	2	n	—
HI					
Himalaya (Monts)	—	g	3	n	—
Hindoustan	—	f	3	n	—
Hiva-Oa (I.)	p	—	1	—	s
HO					
Hobart-Town	—	k	5	—	s
Hofrah-El	—	e	2	n	—
Hog (I.)	—	h	1	n	—
Honduras	t	—	2	n	—
Honduras (Golfe d')	t	—	2	n	—
Hong-Kong	—	i	3	n	—
Honolulu	o	—	3	n	—
Hooker (Mont)	r	—	6	n	—
Hopedale	u	—	6	n	—
Horde (Moyenne)	—	f	5	n	—
Horde (Petite)	—	e	6	n	—
Horde (Grande)	—	f	5	n	—
Horn (Courant du cap)	u	—	6	—	s
Horn (Cap)	u	—	6	—	s
Hottentotie	—	e	3	—	s

NOM DES LIEUX	LONGITUDE		QUADRILATÈRE	LATITUDE	
	OUEST	EST		NORD	SUD
HU					
Huacho	t	—	2	—	s
Huanchaca	t	—	1	—	s
Huasca	u	—	3	—	s
Hué	—	i	2	n	—
Humbolt (Baie de)	—	k	1	—	s
Huron (L.)	—	t	5	n	—
Hudson (Détroit de)	u	—	7	n	—
Hudson (Baie d')	s	—	7	n	—
IA					
Iablonoi (Monts) ou Djoudkjour	—	i	6	n	—
Iakoutsk	—	j	7	—	s
Ichim (R.)	—	f	6	n	—
ID					
Iddah	t	—	1	n	—
IE					
Ienisseisk	—	g	6	n	—
Ienissei (F.)	—	g	7	n	—
Iesso (I.)	—	k	5	n	—
IK					
Ikelemka (R.)	—	c	1	—	s
IN					
Indépendance	s	—	4	n	—
Indighira (R.)	—	k	7	n	—
Indus (R.)	—	f	3	n	—
Indus (Fl.)	—	g	4	n	—
Inhanbane	—	d	3	—	s
IR					
Irlande (Nouvelle)	—	k	1	—	s
Irlande	a	—	6	n	—
IS					
Isabelle (I.)	—	l	1	—	s
Isay	a	—	2	n	—
Islande	a	—	7	n	—
Islay	t	—	2	—	s
Ispahan	—	c	4	n	—
Issi-Koul (L.)	—	g	5	n	—
IT					
Italie	—	b	5	n	—
Itouroup (I.)	—	k	5	n	—
IZ					
Iziza	—	b	3	n	—
JA					
Jackson	s	—	4	—	s
Jamaique (la)	t	—	2	n	—
Japon (Courant du)	—	k	4	n	—
Japon (Mer du)	—	j	4	n	—
Japon	—	j	4	n	—
Java	—	i	1	—	s
Java (Mer de)	—	i	1	—	s

NOM DES LIEUX	LONGITUDE		QUADRILATÈRE	LATITUDE	
	OUEST	EST		NORD	SUD
JE					
Jean (Saint-)	v	—	5	"	—
Jen	—	c	2	"	—
Jérusalem	—	d	4	"	—
JO					
Joao-del-Rey (Saint-)	v	—	3	—	s
John (Saint-)	u	—	5	"	—
Joinville (I.)	v	—	7	—	s
Jouzeira	x	—	2	—	s
JU					
Juan (Saint-)	t	—	2	"	—
Juan-Fernandez I.	t	—	4	—	s
Juan de Fuca (D. de)	q	—	5	"	—
Jubbuptar	—	g	3	"	—
Juge et Son Clerc (Îles)	—	l	6	—	s
KA					
Kabango	—	e	1	—	s
Kabibo	—	e	1	—	s
Kaboul	—	f	4	"	—
Kaffa	—	d	1	"	—
Kagosima	—	j	4	"	—
Kaï	—	e	1	"	—
Kairouan	—	b	4	"	—
Kaissaks	—	f	5	"	—
Kalmouks	—	g	6	"	—
Kamane	a	—	2	"	—
Kamo	—	k	4	"	—
Kamtchatka	—	l	6	"	—
Kane (Mont de)	u	—	8	"	—
Kan-Chow	—	h	4	"	—
Kandahar	—	f	4	"	—
Kanin (C.)	—	d	7	"	—
Kara (Mer de)	—	f	8	"	—
Karaghinsky	—	m	6	"	—
Karikal	—	g	2	"	—
Karschi	—	f	4	"	—
Kasambaru	—	a	2	"	—
Kashin	—	e	4	"	—
Kashan	—	e	4	"	—
Katende	—	c	2	—	s
Kattak	—	g	3	"	—
KE					
Kebabo	—	e	3	"	—
Kélat	—	f	3	"	—
Kéma (Mont)	—	d	1	—	s
Kennedy (Canal)	u	—	9	"	—
Kerguelen (I. de)	—	f	5	—	s
Kéroulen (R.)	—	i	5	"	—
Kesh	—	f	4	"	—
Ketcho	—	h	3	"	—
KH					
Khabarowka	—	j	6	"	—
Khatangha (Fl.)	—	h	8	"	—
Khatangha (Golfe de)	—	i	8	"	—

NOM DES LIEUX	LONGITUDE		QUADRICULAGE	LATITUDE	
	OUEST	EST		NORD	SUD
Khat	—	b	3	n	—
Khartoum	—	d	2	n	—
Khing Monts	—	i	5	n	—
Khiva	—	e	5	n	—
Khouei-Liu	—	i	3	n	—
Khokand	—	f	5	n	—
Khopal	—	g	5	n	—
Khoraçan	—	e	4	n	—
Kholm	—	f	4	n	—
Khyrpur	—	f	3	n	—
K I					
Kilia	—	e	5	n	—
Kilimar-Njaro Monts	—	d	1	—	s
Kionga	—	d	1	—	s
Kirghiz	—	e	5	n	—
Ki-Kenew	—	e	5	n	—
K N					
Knighton (Baie)	y	—	7	n	—
K O					
Kokburn (Terre)	s	—	8	n	—
Kola	—	e	7	n	—
Kolima (R.)	—	k	7	n	—
Koluches	p	—	7	n	—
Korna	—	e	4	n	—
Kossah	—	d	2	n	—
Kossogol (L.)	—	h	6	n	—
Kostroma	—	d	6	n	—
Kouen-Lun Monts	—	g	4	n	—
Kouko	—	h	2	n	—
Koursk	—	d	6	n	—
Kouriles Iles	—	k	5	n	—
Kourichoum Monts	—	g	5	n	—
Koutchoum	—	g	5	n	—
K R					
Krasnaiarsk	—	g	6	n	—
K U					
Kuratchi	—	f	3	n	—
K Y					
Kyzil Koum (Désert)	—	f	5	n	—
Kyzylbach (L.)	—	g	5	n	—
L A					
Labon	a	—	1	n	—
Labrador	u	—	6	n	—
Labrador C. du	u	—	7	n	—
Lado	—	d	1	n	—
Ladoga	—	e	7	n	—
Laghouat	—	b	4	n	—
Lahore	—	f	4	n	—
Lancastre Dét. de	t	—	8	n	—
Lands and C	a	—	5	n	—

NOM DES LIEUX	LONGITUDE		CADRILATÈRE	LATITUDE	
	OUEST	EST		NORD	SUD
Laponie．	—	e	7	n	—
Laquedives (Iles)	—	f	2	n	—
Latouche-Tréville (C.)	—	i	2	—	s
Launceston	—	k	5	—	s
Laurent (L. St)	—	m	7	n	—
Laurent (F. St)	u	—	5	n	—
Lavang	—	h	1	—	s
Lazare (C. St)	q	—	3	n	—
LE					
Le Cap	—	c	4	—	s
Leeuwin (Terre de)	—	i	4	—	s
Leeuwin (C.)	—	i	4	—	s
Lemberg	—	e	6	n	—
Lena (Fl.)	—	j	7	n	—
Lena (Be de la)	—	i	6	n	—
Lena (Fl.)	—	j	5	n	—
Léon	s	—	2	n	—
Les Ageles	q	—	4	n	—
Leyte (I.)	—	j	2	—	s
LH					
Lhassa	—	g	4	n	—
LI					
Liakov (Ies)	—	k	8	n	—
Liau Chow	—	i	3	n	—
Liard (Fe)	q	—	6	n	—
Liberia	a	—	1	n	—
Libreville	—	b	1	n	—
Libye (Désert de)	—	c	3	n	—
Liéou-Khieou (Ies)	—	j	3	n	—
Lille	a	—	6	n	—
Lima	t	—	2	—	s
Limpopo (R.)	—	e	3	—	s
Lincoln (Me de)	t	—	9	n	—
Lindsay (I.)	a	—	6	—	s
Lingante	—	e	2	—	s
Lisbonne	a	—	4	n	—
Livingstone (Fl. ou Congo Zaïre)	—	c	1	n	—
LO					
Loanda (St Paul de)	—	b	1	—	s
Loango	—	b	1	—	s
Lobos (Ies)	t	—	1	—	s
Lofoden (Ies)	—	b	7	n	—
Londa	—	e	2	—	s
Londres	a	—	6	n	—
Loop Noor (L.)	—	g	5	n	—
Lopatka (C.)	—	l	6	n	—
Lopez (C.)	—	b	1	—	s
Lorient	a	—	5	n	—
Los Chonos (Archile de)	—	k	2	—	s
Louis (St)	v	—	2	n	—
Louisiane (Archile de la)	—	k	2	—	s
Loyalty (Iles)	—	m	3	—	s

NOM DES LIEUX	LONGITUDE		QUADRILLAGE	LATITUDE	
	OUEST	EST		NORD	SUD
LU					
Lucas (C. St)	r	—	3	n	—
Lucayes ou Bahama (Iᵉˢ)	t	—	3	n	—
Lucie (Stᵉ)	u	—	2	n	—
Luçon (I.	—	j	2	n	—
Luis	s	—	3	n	—
Lunda	—	e	1	—	s
LY					
Lyon	—	b	5	n	—
Lyttelton	—	m	5	—	s
MA					
Mabruk	a	—	3	n	—
Mabur	—	g	2	n	—
Macdonald (Iᵉˢ)	—	f	6	—	s
Mackensie (F.)	q	—	7	n	—
Macquarie (Iᵉˢ)	—	k	6	—	s
Macquarie (Pᵗ)	—	l	4	—	s
Madagascar	—	e	3	—	s
Madère (Iᵉ)	y	—	4	n	—
Madeira (R.)	u	—	1	—	s
Madjico Sima (Iᵉˢ)	—	j	3	n	—
Madraka (Ras.)	—	e	2	n	—
Madras	—	g	2	n	—
Madrid	a	—	4	n	—
Madura	—	i	1	—	s
Magadoda	—	d	1	n	—
Magdala	—	d	2	n	—
Magellan (Dt de)	t	—	6	—	s
Magellan (Dt de)	u	—	6	—	s
Magnétique (Pôle)	s	—	8	n	—
Mahé	—	f	2	n	—
Mahé (I.)	—	e	1	—	s
Mahrah	—	e	3	n	—
Makassar (Dt de)	—	i	1	—	s
Malabas (C. de)	—	e	1	—	s
Malacca (Dt de)	—	h	1	—	s
Malacca (Presqu'île de)	—	h	1	—	s
Malaga	a	—	4	n	—
Malaka	—	d	2	—	s
Maldives (Iᵉˢ)	—	f	1	n	—
Malha (Banc saya de)	—	f	1	—	s
Malinde	—	d	1	—	s
Mallicolo (I.)	—	l	2	—	s
Malmo	—	b	6	n	—
Malouines ou Falkland (Iᵉˢ)	u	—	6	—	s
Manche (la)	a	—	5	n	—
Manille	—	i	2	n	—
Manza	—	c	1	n	—
Manzanilla	r	—	2	n	—
Mao	—	b	2	n	—
Mapemba	—	d	2	—	s
Maracaibo	u	—	1	n	—
Marajo (I.)	v	—	1	—	s
Maraki (I.)	—	m	1	n	—
Maranham	v	—	1	—	s
Margarita (I.)	u	—	2	n	—

NOM DES LIEUX	LONGITUDE		QUADRILATÈRE	LATITUDE	
	OUEST	EST		NORD	SUD
Maria (I. Santa)	v	—	4	—	s
Mariannes (Iles)	—	k	2	n	—
Mariana	v	—	3	—	s
Mérida	u	—	1	n	—
Marie (I. Ste)	—	e	2	—	s
Marie-Galante	u	—	2	n	—
Marie (C. Ste)	—	d	3	—	s
Marion et Crozet (Iles)	—	e	5	—	s
Maroc	a	—	4	n	—
Marseille	—	b	5	n	—
Marshall (Ier)	—	l	3	n	—
Marshall (Archipel)	—	l	2	n	—
Martaban	—	h	2	n	—
Martaban (Golfe de)	—	h	2	n	—
Masafuera (I.)	t	—	4	—	s
Mascareignes (Iles)	—	e	2	—	s
Mascate	—	e	3	n	—
Masiko	—	c	2	—	s
Mata Hiva (I.)	o	—	2	—	s
Matamoras	s	—	3	n	—
Matatane	—	e	3	—	s
Mathias (Golfe St)	u	—	5	—	s
Mathieu (I. St)	n	—	7	n	—
Maui	o	—	3	n	—
Maurice (I.)	—	e	3	—	s
Maures	y	—	3	n	—
Maures	a	—	3	n	—
Max Clintock (Cte)	r	—	8	n	—
Mayale (R.)	t	—	1	—	s
Mayotte (I.)	—	d	2	—	s
Mazatlan	r	—	3	n	—
Mazavanba	—	e	2	—	s

ME

Mecque (la)	—	d	3	n	—
Medina	—	d	3	n	—
Medine	a	—	2	n	—
Méditerranée (Mer)	—	b	4	n	—
Melbourne	—	k	4	—	s
Meilila	a	—	4	n	—
Melville (I.)	r	—	8	n	—
Melville (I.)	—	j	2	—	s
Melville (Penisule)	s	—	7	n	—
Melville (C.)	—	k	2	—	s
Memel	—	c	6	n	—
Memphis	s	—	4	n	—
Mendocino (C.)	q	—	5	n	—
Mère de Dieu (Archipel de la)	t	—	5	—	s
Merghen	—	i	5	n	—
Merida	s	—	3	n	—
Méridionale (Guinée)	—	b	1	—	s
Meroé	—	c	2	n	—
Merv	—	e	4	n	—
Metz	—	b	5	n	—
Mexico	s	—	2	n	—
Mexique (Golfe du)	s	—	3	n	—
Mexique	r	—	3	n	—

NOM DES LIEUX	LONGITUDE		QUADRILATÈRE	LATITUDE	
	OUEST	EST		NORD	SUD
MI					
Miako	—	j	4	n	—
Michigan (I.)	t	—	5	n	—
Miguel (I. S^t)	y	—	4	n	—
Milan	—	b	5	n	—
Miloua	—	c	1	—	s
Mindanao	—	j	1	n	—
Mindoro (I.)	—	j	2	n	—
Mineur (Asie)	—	c	4	n	—
Minsk	—	c	6	n	—
Mississipi (B^e du)	s	—	3	n	—
Missouri (Fl.)	r	—	3	n	—
Mito	—	k	4	n	—
MO					
Mobile	t	—	4	n	—
Moero (L.)	—	e	1	—	s
Moños	—	c	1	n	—
Mogador	a	—	4	n	—
Mohepa (I.)	o	—	2	—	s
Moluques (Iles)	—	j	1	—	s
Moluques (Mer des)	—	j	1	—	s
Mombaz	—	d	1	—	s
Monfia (I.)	—	d	1	—	s
Mongolie	—	h	4	n	—
Monrovia	a	—	1	n	—
Montagnes-Rocheuses	q	—	6	n	—
Monterey	s	—	3	n	—
Montevideo	v	—	4	—	s
Monument (F^t)	q	—	5	n	—
Montgomery	s	—	3	n	—
Morell (I.)	—	m	3	n	—
Moscou	—	d	6	n	—
Moseirah (I.)	—	e	3	n	—
Mossamèdes	—	b	2	—	s
Mourchidabad	—	g	3	n	—
Mouroui-Oussou (R.)	—	g	4	n	—
Mourzouk	—	b	3	n	—
Mouth-Norman	—	k	2	—	s
Mouthi	—	b	1	n	—
Mozambique (Cte de)	—	d	3	—	s
Mozambique	—	d	2	—	s
MU					
Muangas	—	c	1	—	s
Mugfa	a	—	3	n	—
Mulgrave (I.)	—	m	1	n	—
Munich	—	b	5	n	—
Musulipatam	—	g	2	n	—
MY					
Mysole	—	j	1	—	s
Mysore	—	f	2	n	—
NA					
Nagpore	—	g	3	n	—
Nanouti (I.)	—	m	1	—	s
Nanking	—	i	4	n	—
Nan-Tchang	—	i	3	n	—

— 31 —

NOM DES LIEUX	LONGITUDE		QUADRILATÈRE	LATITUDE	
	OUEST	EST		NORD	SUD
Nantes	a	—	5	n	—
Napier	—	m	4	—	s
Naples	—	b	5	n	—
Natal (P¹)	—	d	3	—	s
Navarin	—	m	7	n	—
Navigateur (Archipel des)	n	—	2	—	s
N E					
Négrais (C.)	—	h	2	n	—
Negro (R.)	u	—	4	—	s
Negro (I.)	—	i	1	n	—
Negro (C.)	—	b	2	—	s
Nelson	—	m	5	—	s
Nepaul	—	g	3	n	—
Neuve (Terre)	v	—	5	n	—
Neuve (Banc de Terre)	v	—	5	n	—
Newcastle	a	—	6	n	—
New-York	t	—	5	n	—
N I					
Nias (P¹)	—	h	1	n	—
Nicaragua (I. de)	t	—	2	n	—
Nicaragua	t	—	2	n	—
Nicobar (Iles)	—	g	1	n	—
Nicolaevsk	—	k	6	n	—
Niger (Fl.)	a	—	2	n	—
Nil (Fl.)	—	e	2	n	—
Nil (Fl.)	—	d	3	n	—
Ning-Hao	—	i	5	n	—
Nishapur	—	e	4	n	—
N O					
Noire (Mer)	—	c	5	n	—
Nord (C.)	—	c	8	—	n
Nord (C.)	—	m	4	—	s
Nord (Mer du)	a	—	6	n	—
Nord (Terre du)	—	j	7	n	—
Nord (Courant Equatorial) du	v	—	2	—	—
Norfolk (I.)	—	m	3	—	s
Norman-Mouth	—	k	2	—	s
Norwège	—	b	7	n	—
Norte (Golfe de)	n	—	7	n	—
Nossi-Bé (I.)	—	d	2	—	s
Nouka-Hiva (I.)	p	—	1	—	s
Nouméa	—	l	3	—	s
Nouvelle-Galles-du-Sud	—	k	4	—	s
Nouvelle-Calédonie	—	l	3	—	s
N U					
Nubie	—	c	3	n	—
Nuevo (G.)	u	—	5	—	s
Nuyts (Terre de)	—	j	4	—	s
N Y					
Nyam-Nyam	—	c	1	n	—
O A					
Oahu	o	—	3	n	—

NOM DES LIEUX	LONGITUDE		QUADRILATÈRE	LATITUDE	
	OUEST	EST		NORD	SUD
OB					
Obeid	—	e	2	n	—
Obi (Fl.)	—	g	7	n	—
Obi (Fl.)	—	f	7	n	—
Obi (Fl.)	—	g	6	n	—
Obidos	u	—	1	—	s
Obock	—	d	2	n	—
OC					
Océanie Pacifique	—	j	2	—	s
OD					
Odessa	—	e	5	n	—
OK					
Okavare	—	c	3	—	s
Okhotsk (Mer d')	—	k	6	n	—
OL					
Olivença	x	—	2	—	s
Ollap (I.)	—	k	1	n	—
OM					
Omaha	s	—	5	n	—
Oman	—	e	3	n	—
Oman (Golfe d')	—	f	2	n	—
ON					
Onéga (L.)	—	d	7	n	—
Ontario (Lac)	t	—	5	n	—
Onuta	—	m	1	—	s
OP					
Opoulou (I.)	n	—	2	—	s
OR					
Oran	a	—	4	n	—
Orange (Fl.)	—	c	3	—	s
Orange (C.)	v	—	1	n	—
Orange (Fl.)	—	b	3	—	s
Orange (République d')	—	c	3	—	s
Orcades (Iles)	a	—	6	n	—
Ordu	—	d	5	n	—
Orégon-City	q	—	5	n	—
Orégon	q	—	5	n	—
Orénoque (F.)	u	—	1	n	—
Orel	—	d	6	n	—
Oriental (C.)	—	m	7	n	—
Orléans (Nouvelle)	s	—	4	n	—
Ortah	—	d	4	n	—
OS					
Ostiaks	—	f	7	n	—
OT					
Ottawa	t	—	5	n	—
OU					
Ouadan	a	—	3	n	—
Ouaday	—	c	2	n	—
Oualan	—	l	1	n	—
Oualata	a	—	2	n	—
Ouanalaschka	h	—	6	n	—
Ouando	—	c	1	n	—

— 33 —

NOM DES LIEUX	LONGITUDE		QUADRILATÈRE	LATITUDE	
	OUEST	EST		NORD	SUD
Ouara..	—	c	2	n	—
Ouargla..	—	b	4	n	—
Oudskoï..	—	j	6	n	—
Ouest (C.).	—	l	5	—	s
Oueli Tagassa.	a	—	3	n	—
Oufa.	—	e	6	n	—
Ougallani.	—	d	1	n	—
Oulankoum (M¹⁵)	—	h	5	n	—
Oumnak (I.).	n	—	6	n	—
Ounia Mouesi.	—	d	1	—	s
Oural (Fl.).	—	e	6	n	—
Ourals (M¹⁵)	—	e	6	n	—
Ourghendj	—	f	5	n	—
Ouroup (I.).	—	k	5	n	—
Ours (lac du Grand).	q	—	7	n	—
Ours (I¹⁵ aux).	—	j	8	n	—
Oust Strelka.	—	j	6	n	—
OV					
Ovampo	—	b	2	—	s
PA					
Padang.	—	h	1	—	s
Palerme.	—	b	4	n	—
Palk (D¹ de).	—	5	1	n	—
Palma.	y	—	3	n	—
Palmerston.	—	j	2	—	s
Pampas.	u	—	4	—	s
Panama (G. de)	t	—	1	n	—
Panama.	t	—	1	n	—
Panay (I.).	—	i	2	n	—
Papouassie ou Nouvelle Guinée).	—	k	1	—	s
Pâques (I. de).	r	—	3	—	s
Para.	v	—	1	—	s
Paraguay.	v	—	3	—	s
Parana (F.).	u	—	3	—	s
Paramaibo.	v	—	1	n	—
Paranahyba (R.)	v	—	2	—	s
Paranagua	v	—	3	—	s
Paris.	a	—	5	n	—
Parry (I¹⁵)	r	—	8	n	—
Patagonie.	u	—	5	—	s
Patos (L.).	v	—	4	—	s
Patrick (I. P⁶⁵).	r	—	8	n	—
Paulo (S¹⁵)	v	—	3	—	s
Paul (I. S¹).	—	f	4	—	s
Paul de Loanda.	—	b	1	—	s
Payta.	t	—	1	—	s
Pays-Bas.	a	—	6	n	—
Paz (La)	r	—	3	n	—
Paz (La)	u	—	2	—	s
PE					
Penedo de San Pedro.	x	—	1	n	—
Peïpous (Lac.	—	e	6	n	—
Peking.	—	i	4	n	—
Pe-Ling (M¹⁵)	—	h	4	n	—
Pemba (I.).	—	d	1	—	s
Penas (G. de).	t	—	5	—	s
Penjinsk.	—	l	7	n	—

NOM DES LIEUX	LONGITUDE		QUANTIÈME	LATITUDE	
	OUEST	EST		NORD	SUD
Penjinsk (G. de)	—	l	6	n	—
Pensacola	t	—	3	n	—
Perse	—	e	4	n	—
Perm	—	e	6	n	—
Pernambuco	x	—	1	—	s
Pérou	t	—	2	—	s
Persique (Golfe)	—	e	3	n	—
Péruvien (Courant)	t	—	4	—	s
Pesth	—	c	4	n	—
Peshamur	—	f	4	n	—
Petchi-li (Golfe de)	—	f	4	n	—
Petermann (Terre)	—	i	9	n	—
Petermann (Entrée)	v	—	9	n	—
Petersbourg (St)	—	c	6	n	—
P H					
Philadelphie	t	—	5	n	—
Phillip (Pt)	—	k	4	—	s
Philippe (Terre Louis)	u	—	7	—	s
Philippe de Benguela (St)	—	b	2	—	s
Philippines (Iles)	—	j	2	n	—
Phou Yang (L.)	—	i	3	n	—
P I					
Pierre-le-Grand (Golfe de)	—	j	5	n	—
Pierre et Miquelon (Ires St)	v	—	5	n	—
Pietermaritzburg	—	c	3	—	s
Pilcomayo	u	—	3	—	s
Pinchincha	t	—	1	—	s
Ping Shan	—	h	3	n	—
Pinsk	—	c	6	n	—
Pins (I. des)	—	m	3	—	s
Pisco	t	—	2	—	s
Pitcairn (I.)	q	—	3	—	s
Pittsburg	t	—	5	n	—
P L					
Plata (Rio de la)	v	—	4	—	s
Plate (R.) ou Nebraska	r	—	5	n	—
Plateau de l'Ourst Ourt	—	e	5	n	—
Plenty (Be)	—	m	4	—	s
Plymouth	a	—	6	n	—
P O					
Poggy (Ies)	—	h	1	—	s
Pôle magnétique	s	—	8	n	—
Polynésie	—	g	2	n	—
Pondichéry	—	g	2	n	—
Popocatepelt	s	—	2	n	—
Port-au-Prince	t	—	2	n	—
Porto-Rico	u	—	2	n	—
Porto-Vigo	—	a	5	n	—
Portland	u	—	5	n	—
Portugal	a	—	4	n	—
Possession (I. de la)	—	e	5	—	s
Possession (Be)	x	—	6	—	s
Possession (C.)	u	—	7	—	s
Potillo	—	j	2	n	—
Potosi	s	—	4	—	s
Potosi	u	—	2	—	s
Potschefstrom	—	c	3	—	s
Powell (Ies)	v	—	6	—	s

NOM DES LIEUX	LONGITUDE		QUADRILATÈRE	LATITUDE	
	OUEST	EST		NORD	SUD
PR					
Prague....................	—	b.	5	n	—
Prescott...................	r	—	4	n	—
Prince-Édouard (I. du)........	—	d	5	—	s
Prince (Port-au-)............	t	—	2	n	—
Providence (I. de la).........	—	l	2	n	—
Providence (F⁴).............	q	—	7	n	—
Prudhöe (Terre).............	u	—	8	n	—
Prusse....................	—	b	6	n	—
PU					
Puebla....................	s	—	2	n	—
Pulo......................	—	h	1	—	s
Purus (Rio).................	u	—	1	—	s
Pussir.....................	—	i	1	—	s
PY					
Pylstaart (I.)...............	n	—	3	—	s
QU					
Québec...................	u	—	5	n	—
Queensland................	—	k	2	—	s
QI					
Quiloà....................	—	d	1	—	s
Quito.....................	t	—	1	n	—
RA					
Radack (I⁵)................	—	m	2	n	—
Raguse....................	—	c	5	n	—
Ralick (I⁵).................	—	l	1	n	—
Rangoun...................	—	h	2	n	—
Ras Hafoun................	—	e	2	n	—
Rats (I⁵ aux)..............	—	m	6	n	—
Ravia (I.).................	p	—	2	—	s
RE					
Recherche (Archip. de la).....	—	j	4	—	s
Recht.....................	—	e	4	n	—
Récif Minerve..............	—	m	3	—	s
Reikiavik..................	x	—	7	n	—
Reine Charlotte (D⁺ de la)....	p	—	6	n	—
Reines (I. des).............	r	—	6	n	—
Revel.....................	—	c	6	n	—
Revillagigedo (Iles)..........	r	—	2	n	—
RI					
Richemond.................	t	—	4	n	—
Rida......................	—	b	1	n	—
Riga......................	—	c	6	n	—
Rio de la Plata.............	v	—	4	—	s
Rio Grande................	r	—	4	n	—
Rio Janeiro................	x	—	3	—	s
Rioja.....................	u	—	3	—	s
Rio Purus.................	u	—	2	—	s
Rio Negro.................	u	—	1	—	s
Rivière Plate ou Nebraska.....	r	—	5	n	—

— 36 —

NOM DES LIEUX	LONGITUDE		QUIDILLIÈME	LATITUDE	
	OUEST	EST		NORD	SUD
RO					
Robe	—	k	4	—	s
Roch (C. St.)	x	—	1	—	s
Rocheuses (Montagnes)	q	—	6	n	—
Rome	—	b	5	n	—
Roquepix	—	e	1	—	s
Ross (Mer de)	—	m	8	—	s
Rostak	—	e	3	n	—
Rotta	—	k	2	n	—
Rouen	—	b	5	n	—
Rouge (R.)	s	—	4	n	—
Rouge (Mer)	—	d	3	n	—
Rouroutou	o	—	3	—	s
RU					
Rupert house	t	—	6	n	—
Russie	—	e	6	n	—
RY					
Ryaqueddah	—	g	2	n	—
SA					
Sabine (C.)	t	—	8	n	—
Sabrina (Terre)	—	j	7	—	s
Sacatula	r	—	2	n	—
Sahara (ou Grand Désert)	—	a	3	n	—
Sahoee	t	—	2	n	—
Said (port)	—	e	4	n	—
Saïgon	—	h	2	n	—
Saïma (L.)	—	e	7	n	—
Salas (Iles)	r	—	3	—	s
Salé	a	—	4	n	—
Salé (Grand Désert)	—	e	4	n	—
Salomon (Iles)	—	l	1	—	s
Salonique	—	c	4	n	—
Salvador (San)	s	—	2	n	—
Samara	—	e	6	n	—
Samarang	—	i	1	—	s
Samarang (Iles)	o	—	1	n	—
Samar (Ile)	—	j	2	n	—
Samarkand	—	f	5	n	—
Sambas	—	i	1	n	—
Sambawa	—	i	1	—	s
Samarang	—	i	1	—	s
Samoa (Iles)	n	—	2	—	s
Samoyèdes	—	g	8	n	—
Sana	—	d	2	n	—
Sandy (Ile)	—	l	3	—	s
Sand (Ile)	r	—	3	—	s
San Diego	q	—	4	n	—
Sandar (Iles)	y	—	6	—	s
Sandwich (Iles)	o	—	3	n	—
Sandwich (Iles Australes)	x	—	6	—	s
San-Francisco	q	—	4	n	—
Sangor	—	g	3	n	—
Sankourou (R)	—	e	1	—	s
Santa-Cruz (Iles)	q	—	4	n	—
Santa-Cruz (Ile de)	—	l	2	—	s

— 37 —

NOM DES LIEUX	LONGITUDE		QUADRILATÈRE	LATITUDE	
	OUEST	EST		NORD	SUD
Santander	a	—	5	n	—
Santarem	v	—	1	—	s
Santiago (Ile)	y	—	2	n	—
Santiago	u	—	4	—	s
Saragosse	—	a	5	n	—
Sarawan	—	f	3	n	—
Sardaigne	—	b	4	n	—
Sargasse (Mer de)	v	—	3	n	—
Sattarah	—	f	2	n	—
Savage (Ile)	n	—	2	—	s
Savannah	t	—	4	n	—
Saya de Malha (Banc)	—	f	1	—	s
S C					
Schœmanstal	—	e	3	—	s
Scutari	—	c	5	n	—
Sétian (ou Monts Célestes) . . .	—	g	5	n	—
S E					
Sebba	a	—	2	n	—
Sébastopol	—	d	5	n	—
Setimah	—	e	3	n	—
Semiyarsk	—	g	6	n	—
Sénégal	y	—	2	n	—
Sénégal (Fl.)	y	—	2	n	—
Sennaar	—	d	2	n	—
Senou	—	—	z	n	—
Serghiopol	—	g	5	n	—
Serwatty (Iles)	—	j	1	—	s
Seshete	—	c	2	—	s
Severn (R.)	s	—	6	n	—
Seychelles (Iles)	—	e	1	—	s
Seypan (Ile)	—	k	2	n	—
S H					
Shannon	y	—	8	n	—
Sherbinsk (Iles)	—	i	7	n	—
Shetland (Iles)	a	—	7	n	—
Shoskong	—	c	3	—	s
S I					
Siam	—	h	2	n	—
Siam (Golfe de)	—	h	2	n	—
Sibérie (Nouvelle)	—	h	8	n	—
Sicile	—	b	4	n	—
Sidney	—	l	4	—	s
Sidre (Golfe de la)	—	c	4	n	—
Si-Kiang	—	i	3	n	—
Siktakh	—	j	7	n	—
Si-Kut	—	e	2	n	—
Simpson (Ile)	—	m	1	n	—
Sin-Chow	—	h	3	n	—
Singapour	—	h	1	n	—
Sinope	—	d	5	n	—
Sira-Mouren (R.)	—	j	5	n	—
S K					
Skager-Rack	—	b	6	n	—
Skobeltin	—	j	5	n	—

NOM DES LIEUX	LONGITUDE		QUADRILATÈRE	LATITUDE	
	OUEST	EST		NORD	SUD
S M					
Smith (Ile)	n	—	2	n	—
Smith (Iles)	u	—	7	—	s
Smith (Détroit de)	t	—	8	n	—
S O					
Société (Ile de la)	o	—	2	—	s
Socotora (Ile)	—	e	2	n	—
Sodiga	—	h	3	n	—
Sofala	—	d	3	—	s
Sofala	—	d	2	—	s
Sohar	—	e	3	n	—
Sokka	—	d	1	n	—
Sokoto	—	b	2	n	—
Somauli	—	d	1	n	—
Somerset	—	k	2	—	s
Sonde (Iles de la)	—	h	i	—	s
Souakin	—	d	2	n	—
Soulou (Ile)	—	i	1	n	—
Soulou (Mer de)	—	i	4	n	—
Southampton (Ile)	s	—	7	n	—
S P					
Spencer (C.)	—	j	4	—	s
Spitzberg	—	c	8	n	—
Springbock	—	c	3	s	—
S R					
Srinagar	—	f	4	n	—
S T					
Stavropol	—	e	6	n	—
Stanovai (Monts)	—	k	7	n	—
Stewart (Ile)	—	l	1	—	s
Steppe Mamaï	—	e	5	n	—
Stockholm	—	c	7	n	—
Strasbourg	—	b	6	n	—
S U					
Sucre	u	—	2	—	s
Su-Chow	—	i	4	n	—
Sud (C.)	—	b	8	n	—
Sud (Nouvelle Galles du)	—	k	4	—	s
Sud (G.)	—	k	5	—	s
Suède	—	b	7	n	—
Suez	—	d	4	n	—
Suez (Isthme de)	—	c	3	n	—
Sug	—	a	2	n	—
Suisse	—	b	5	n	—
Suliman	a	—	1	n	—
Sumatra	—	h	1	n	—
Supérieur	s	—	5	n	—
Supérieur (Lac)	s	—	5	n	—
S Y					
Sykinjeva	—	j	6	n	—
Symskaia	—	g	7	n	—
Syr-Daria (R)	—	f	5	n	—
Syrie (Désert de)	—	d	4	n	—
Syang	—	j	4	n	—

— 39 —

NOM DES LIEUX	LONGITUDE		QUADRILATÈRE	LATITUDE	
	OUEST	EST		NORD	SUD
S W					
Swa Tow	—	i	3	n	—
T A					
Tabintinen	u	—	1	—	s
Tabol (R)	—	f	6	n	—
Tafilet	a	—	4	n	—
Tagama	—	b	2	n	—
Tagassa Ouell.	a	—	3	n	—
Tagelet	—	b	2	n	—
Taïmour (L.)	—	h	8	n	—
Taïti (Arch. de)	c	—	2	—	s
Taïti (I)	c	—	2	—	s
Tampico	s	—	3	n	—
Tananarive	—	d	2	—	s
Tanganika (L.)	—	c	1	—	s
Tanger	a	—	4	n	—
Taouisk	—	k	7	n	—
Tapajos (R)	v	—	1	—	s
Tapa Ling (Mts)	—	i	4	n	—
Tara	—	f	6	n	—
Taramt	a	—	2	n	—
Tarija	u	—	3	—	s
Tarki	—	e	5	n	—
Taroudant	a	—	4	n	—
Tarrakaï (Ile) ou Saghalien	—	h	6	n	—
Tarun	—	e	3	n	—
Tasmanie ou Ile de van Diemen	—	k	5	—	s
Tatta	—	f	3	n	—
Ta-Tsian-la	—	h	4	n	—
Tawaï	—	h	2	n	—
T C					
Tchad (L.)	—	b	2	n	—
Tcherdyne	—	e	7	n	—
Tchouktchis	—	m	7	n	—
Tchoui (R)	—	f	5	n	—
Tchita	—	i	6	n	—
Tchonng Thing (Lac)	—	i	3	n	—
T E					
Tchelyouskin (C)	—	i	8	n	—
Tchéran	—	e	4	n	—
Tehuantepec (Golfe de)	s	—	2	n	—
Temasinin	—	b	3	n	—
Ténériffe (I)	y	—	3	n	—
Tengrinoor (I)	—	g	4	n	—
Terceira (I)	y	—	4	n	—
Terror (Mt)	—	m	8	—	s
Terre Neuve (Banc de	v	—	5	—	n
Terre Neuve	v	—	5	—	n
Tessawa	—	b	2	n	—
Teté	—	d	4	—	s
T H					
Thaï Ouan	—	i	3	n	—
Thian.-Chan-nan-lou	—	f	4	n	—
Thomas (St)	—	u	2	n	—
Thompson (I)	—	b	6	n	—

— 40 —

NOM DES LIEUX	LONGITUDE		QUANTITÉ	LATITUDE	
	OUEST	EST		NORD	SUD
TI					
Tibet.	—	g	4	n	—
Tidik	—	b	2	n	—
Tien-tsin.	—	i	4	n	—
Tiflis.	...	d	5	n	—
Timbouktou	a	—	2	n	—
Timor (Mer de).	—	j	1	—	s
Timor (I).	—	j	2	—	s
Tiris.	y	.	3	n	—
Tisheef	a	—	2	n	—
Titicaca (lac).	u	—	2	—	s
TL					
Tli (R).	—	f	5	n	—
TO					
Tololsk.	—	f	6	n	—
Tokat	—	d	5	n	—
Tolai.	—	j	5	n	—
Tonga (I.) ou Iles des amis. .	u	—	2	—	s
Tonga tabou	u	—	3	—	s
Tonkin.	—	h	3	n	—
Tonkin (Golfe de).	—	h	3	n	—
Topara.	u	—	3	—	s
Toranto	t	—	5	n	—
Tornea.	—	e	7	n	—
Torres (D. de)	—	k	1	—	s
Torrens (L.)	—	k	3	—	s
Toulon	—	b	5	n	—
Toungouska (R)	—	g	7	n	—
Tourghaï.	—	f	6	n	—
TR					
Tradetown	a	—	1	n	—
Transvaal (République). . .	—	c	3	—	s
Trébizonde.	—	d	5	n	—
Trieste.	—	b	5	n	—
Trinité R.	—	k	2	—	s
Trinité (I de la).	u	—	2	—	s
Tripoli.	—	d	4	n	—
Tripoli.	—	b	4	n	—
Tripoli.	—	b	3	n	—
Tristan d'Acunha (I.). . . .	a	—	4	—	s
Tropique du Capricorne. . .	y	—	3	—	s
Tropique du Cancer	u	—	3	n	—
Truxillo	t	—	2	n	—
TS					
Tsanta	—	h	3	n	—
Tsilma Ust	—	e	7	n	—
TU					
Tuamoutou (Archipel). . . .	p	—	2	—	s
Tubac	r	—	4	n	—
Tueson.	r	—	4	n	—
Tumucomaque (S°).	v	—	1	n	—
Tung-Chuan	—	h	3	n	—
Tunis	—	b	4	n	—
Tunisie.	—	b	4	n	—

NOM DES LIEUX	LONGITUDE		QUADRILATÈRE	LATITUDE	
	OUEST	EST		NORD	SUD
Turkomans.	—	e	5	11	—
Turin	—	b	5	11	—
Turquie	—	c	5	11	—
Turquie d'Asie	—	c	4	11	—
Turshie		c	4	11	—
U K					
Ukombwa.	—	c	1	—	s
U M					
Umanah	v	—	8	11	—
U P					
Upernavik	11	—	8	11	—
U R					
Urima	—	c	1	—	s
Urimba.	—	c	1	—	s
Uruba	v	—	2	—	s
Uruguay (R.)	v	—	3	—	s
Uruguay	v	—	4	—	s
Urville (Baie d')	—	k	1	—	s
U S					
Ust Tsilma	—	e	7	11	—
U V					
Uvea (I.)	—	l	2	—	s
V A					
Vaigatz (Cap).	—	e	8	11	—
Valdivia	t	—	4	—	s
Valladolid	s	—	2	11	—
Valparaiso	t	—	4	—	s
Van	—	d	4	11	—
Vancouvert (Détroit de)	q	—	6	11	—
Vancouvert (I.)	q	—	5	11	—
Vanoua Lebou (I.)	m	—	2	—	s
Varna	—	c	5	11	—
Varsovie.	—	c	6	11	—
Vazgiou (I.)	—	j	1	11	—
V E					
Velila	—	d	7	11	—
Vellington	—	c	4	—	s
Vénézuéla	u	—	1	11	—
Vénézuéla (Golfe de)	u	—	2	11	—
Venise	—	b	5	11	—
Vera Cruz	s	—	2	11	—
Vert (Cap)	v	—	2	11	—
Vert (Iles du Cap)	v	—	2	11	—
V I					
Viatka	—	e	6	11	—
Victoria	x	—	2	—	s
Victoria	—	k	4	—	s
Victoria (Terre)	—	k	8	—	s
Victoria	—	k	4	—	s
Victoria	—	k	4	—	s
Vidin.	—	c	5	11	—
Vierges Iles	u	—	2	11	—

NOM DES LIEUX	LONGITUDE		ALTITUDE	LATITUDE	
	OUEST	EST		NORD	SUD
Vienne	—	b	5	n	—
Vigo-Porto	a	—	5	n	—
Villa-Bella	u	—	2	—	s
Viliouthin	—	l	6	n	—
Vilouiski (Monts)	—	i	7	n	—
Vincent (Saint-)	u	—	2	n	—
Vincent (Ile saint-)	y	—	2	n	—
Vincent (Cap Saint-)	a	—	4	n	—
Vitebsk	—	c	6	n	—
Viti (Iles ou Fidji)	—	m	2	—	s
Vitim (R.)	—	j	6	n	—
Vitouik Oust	—	j	7	n	—
VL					
Vladivostok	—	j	5	n	—
VO					
Volga (Fleuve)	—	d	5	n	—
Vologda	—	d	6	n	—
Volsk	—	d	6	n	—
Voroneje	—	d	6	n	—
VR					
Vrangell (Terre)	—	m	8	n	—
XI					
Xingu	v	—	1	—	s
YA					
Yacoba	—	b	2	n	—
Yanaon	—	g	2	n	—
Yapura (R.)	u	—	1	—	s
Yarensk	—	e	7	n	—
Yauri	—	b	2	n	—
Yaroslavl	—	d	6	n	—
YE					
Yedo	—	k	4	n	—
Yembo	—	d	3	n	—
Yemen	—	d	2	n	—
Yezd	—	e	4	n	—
YO					
Yokohama	—	k	4	n	—
Yola	—	b	1	n	—
York (Cap)	—	k	2	n	—
York	s	—	6	n	—
York New	t	—	4	n	—
Yowaru	a	—	2	n	—
YU					
Yucatan (Canal du)	t	—	3	n	—
Yucatan	s	—	2	n	—
Yucon (R.)	e	—	7	n	—
ZA					
Zaïre (Fleuve Congo où)	—	b	1	—	s
Zambèze	—	c	2	—	s
Zanguebar	—	d	1	—	s
Zanzibar	—	d	1	—	s
Zara	—	b	5	n	—
Zarch (L.)	—	e	4	n	—

NOM DES LIEUX	LONGITUDE		QUADRILATÈRE	LATITUDE	
	OUEST	EST		NORD	SUD
ZE					
Zélande (Nouvelle-)	—	m	5	—	s
Zemble (Nouvelle-)	—	c	8	n	—
Zeylah	—	d	2	n	—
ZI					
Zinder	—	b	2	n	—
ZO					
Zonga	—	c	2	—	s
ZU					
Zululand	—	d	3	—	s
Zurukhuitu	—	i	6	n	—
WA					
Wallis	—	m	2	—	s
Washington	l	—	4	n	—
Washington	s	—	3	n	—
WE					
Wellesley	—	k	2	—	s
Wellington	—	k	4	—	s
Wellington	—	m	5	—	s
Wellington	t	—	5	—	s
WI					
William (Golfe du Prince)	p	—	6	n	—
William (Fleuve)	s	—	5	n	—
Wilmington	t	—	4	n	—
Witt (Terre de)	—	i	3	—	s
WO					
Wollongong	—	l	6	—	s
Wollongong	—	k	4	—	s
Wolaston (I.)	r	—	6	n	—

EN VENTE:

Chez IKELMER Éditeur Fabricant,
47, rue des Francs-Bourgeois

MAPPEMONDE MURALE

En deux hémisphères, mesurant 2 mètres de long sur 1m10 de haut, collée sur toile, vernie, montée sur gorge et rouleau, contenant les lignes de navigation, avec les distances en kilomètres, et le nombre de jours de traversée pour les parcours.

PRIX NET : **20 francs.**

GUIDE POSTAL & TÉLÉGRAPHIQUE

Indispensable à toute personne ayant des rapports avec la Poste et le Télégraphe.

PRIX NET : **1 fr. 50.**

GLOBE CÉLESTE

Un mètre de circonférence

DRESSÉ SUR LES DERNIERS DOCUMENTS OFFICIELS

ET LES DÉCOUVERTES LES PLUS RÉCENTES

Par **R. BARBOT**, Géographe

Cette Sphère représente la situation relative des principales étoiles fixes et leur position apparente dans le ciel.

Pour trouver la position d'une étoile, il faut procéder de la même manière que pour notre globe terrestre.

TABLE
de la Sphère Céleste

AC			
Achernard.	l	3	s
AE			
Aérostat (l').	b	2	s
AI			
Aigle (l').	c	1	n
AL			
Aldebaran	j	1	n
Algénib	l	1	n
Algenio.	k	3	n
Algol.	k	2	n
Algorab	f	1	s
AN			
Andromède.	l	2	n
Antares	d	2	s
Antinous	c	1	s
AR			
Arcturus	e	1	n
AS			
Astres ne paraissant pas sur l'horizon	l	2	s
AU			
Autel (l').	d	3	s
BA			
Balance (la).	e	1	s
Baleine (la).	l	1	s
BE			
Bélier (le)	k	1	n
BO			
Boussole (la)	h	2	s
Bouvier (le)	c	2	s
BR			
Brandebourg (le Sceptre de).	j	1	s
BU			
Burins (les)	j	2	s
CA			
Caméléon (le).	Pôle sud.		
Cancer ou l'Écrevisse (le).	h	1	n
Canopus	i	3	s

CE

Centaure (le)	f	2	s
Cephée	b	3	n
Cerbère ou le Rameau	e	2	n
Cercle de perpétuelle apparition	b	2	n
Cercle polaire antarctique	h	3	s
Cercle polaire arctique	h	3	n

CH

Chat (le)	h	1	s
Cheval (le Petit)	b	1	n
Chien (le Petit)	i	1	n

CO

Cocher (le)	j	2	n
Cœur (le)	h	1	s
Colombe (la)	J	2	s
Colure (Equinoxes)	g	2	s
Compas (le)	e	3	s
Corbeau (le)	f	1	s
Couronne australe (la)	e	2	s
Couronne boréale (la)	e	2	n
Coupe (la)	g	1	s

CY

Cygne (le)	b	2	n

DA

Dauphin (le)	b	1	n

DE

Déclinaison australe	f	1	s
Déclinaison boréale	f	1	s

DO

Dorade (la)	j	3	s

DR

Dragon (le)	e	3	n
Dragon (le)	f	3	n
Dragon (la tête du)	d	3	n

EC

Ecliptique	e	1	s
Ecu (l') de Sobieski	e	1	s

ER

Eridan (l')	k	2	s
Electrique (la machine)	l	2	s

EQ

Equateur	b	1	n

FL

Flèche (la)	e	1	n

FO

Fomalhaut	a	2	s
Fourneau (le)	k	2	s

FR

Frédérick (la Gloire de)	a	2	n

GE

Gemeaux (les)	i	2	n

GI
Girafe (la)	j	3	n

GR
Grande Ourse (la)	f	3	n
Grand Nuage (le)	j	3	s
Grue (la)	a	2	s

HA
Harpe de Georges (la)	k	1	s

HE
Hercule	d	2	n
Herschell (le Télescope d')	j	2	n

HY
Hyades (les)	j	1	n
Hypre (mâle)		Pôle sud.
Hydre (l')	h	1	s
Hydre (l')	f	2	s
Hydre (la tête de l')	h	1	n

IN
Indien (l')	h	3	s

LA
Lactée (voie)	i	1	s
Lactée (voie)	k	3	n

LE
Lézard (le)	a	2	n

LI
Licorne (la)	i	1	s
Lièvre	j	1	s
Lion (le)	K	1	n
Lion (le petit)	K	2	n

LO
Loup (le)	e	2	s

LY
Lynx (le)	h	2	n
Lyre (la) et le Vautour	e	2	n

ME
Méduse (la tête de)	k	2	n
Ménale (le M¹)	e	1	n
Messier (le)		Pôle nord.

MI
Microscope (le)	h	2	s

MO
Mouche (la)	f	3	s
Mouche (la)	k	2	n
Montagne de la table		Pôle sud

MU
Mural de Lalande (le)	e	2	n

NA
Nadir de Paris	b	2	s
Navire (le)	i	2	s

N U			
Nuage (le petit)		Pôle sud.	
O C			
Octant (l')		Pôle sud.	
O I			
Oie (l')	c	1	n
Oiseau de Paradis (l'		Pôle sud.	
O P			
Ophiuchus ou le Serpentaire	d	1	s
O U			
Ourse (la Petite-)		Pôle nord.	
P E			
Pégase	a	1	n
Perle (la)	c	2	n
Persée	k	2	n
P H			
Phénix (le)	l	2	s
P L			
Pléiades (les)	k	2	n
P N			
Pneumatique (la machine)	g	2	s
P O			
Poissons (les)	a	1	n
Poisson volant (le)	l	3	s
Poisson austral (le	a	2	s
Polaire (la)		Pôle nord.	
Pollux	i	2	n
Poniatowski (le taureau de)	c	1	n
P R			
Procyon	i	1	n
R E			
Règle (la)	d	2	s
Régulus	b	1	n
Renard (le)	b	2	n
Renne (le)		Pôle nord.	
Réticule (le)	k	3	s
R I			
Rigel	j	1	s
S A			
Sagittaire (le)	c	2	s
S C			
Scorpion (le)	d	2	s
Sculpteur (l'atelier du	l	2	s
S E			
Serpent (le)	c	1	n
Serpent (le)	c	1	s
Serpent (la tête du)	c	1	n
S O			
Solitaire (le)	c	2	s

	TA			
Table (montagne de la)........			Pôle sud.	
Taureau (le).................		j	1	n
	TE			
Télescope (le)...............		e	2	s
	TO			
Toucan (le)..................		a	3	s
	TR			
Triangle (le).................		l	2	n
Triangle austral..............		d	3	s
Tropique du Capricorne.......		h	1	s
Tropique du Cancer...........		h	1	n
	TY			
Typographique (l'atelier).....		i	1	s
	VE			
Véga........................		e	2	n
Vendangeuse (la).............		f	1	n
	VI			
Vierge (la)..................		f	4	s
	VO			
Voie lactée..................		a	3	n
	ZE			
Zénith de Paris..............		b	3	n

EN VENTE :

Chez IKELMER, Éditeur Fabricant,

47, rue des Francs-Bourgeois

MAPPEMONDE MURALE

En deux hémisphères, mesurant 2 mètres de long sur 1m10 de haut, collée sur toile, vernie, montée sur gorge et rouleau, contenant les lignes de navigation avec les distances en kilomètres et le nombre de jours de traversée pour les parcours.

PRIX NET : **20 francs.**

GUIDE POSTAL & TÉLÉGRAPHIQUE

Indispensable à toute personne ayant des rapports avec la Poste et le Télégraphe.

PRIX NET : **1 fr. 50.**

PARIS. — IMPRIMERIE CHAIX, 20, RUE BERGÈRE. — 20363-2.

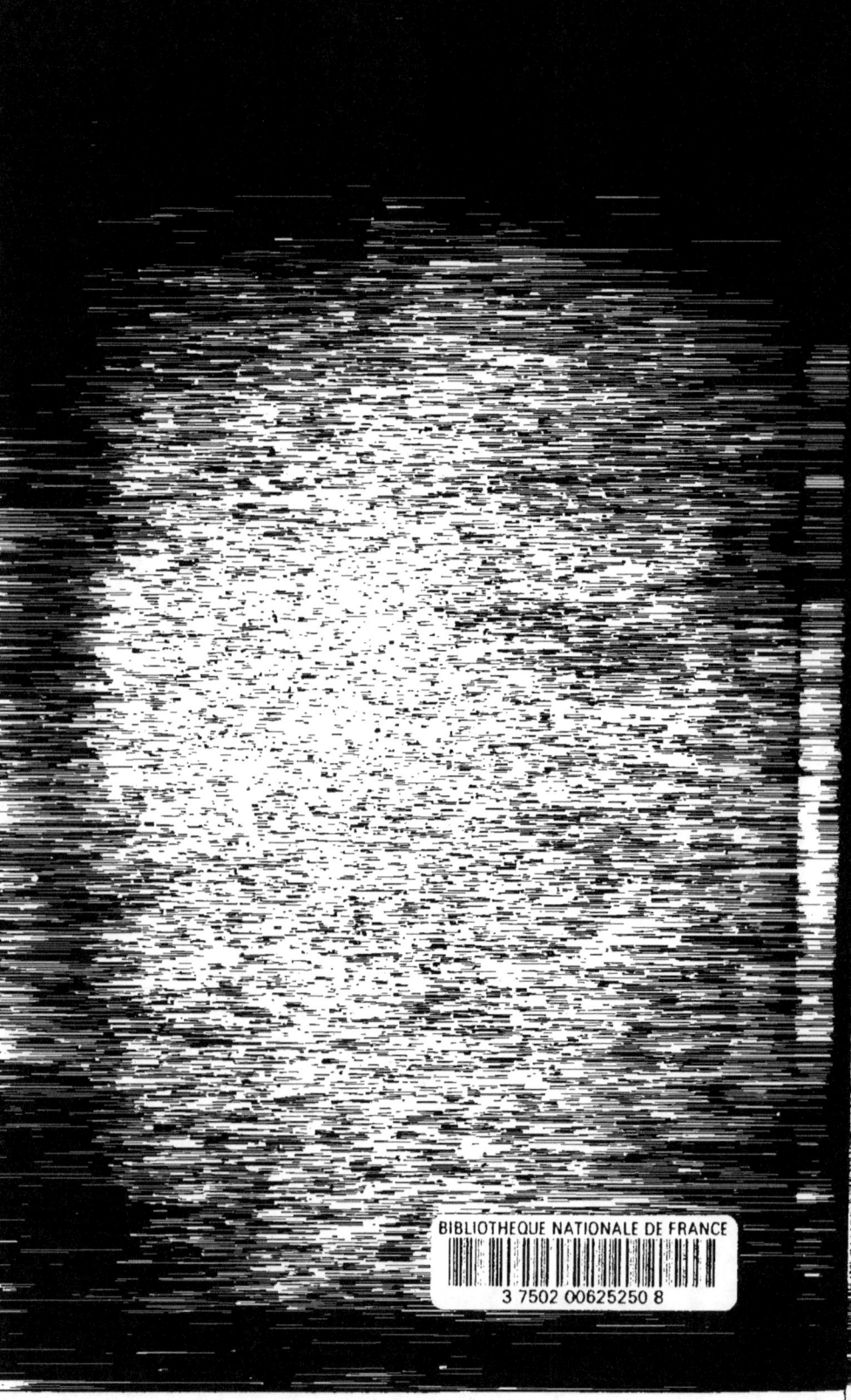